JN439743

가보자, 신라의 달밤을 두고온 그곳으로

김순종 시집

국립중앙도서관 출판예정도서목록(CIP)

가보자, 신라의 달밤을 두고온 그곳으로 : 김순종 시집 / 지은이: 김순종. -- 부산 : 푸름사, 2017
p. ; cm

ISBN 978-89-94839-20-2 03810 : ₩12000

한국 현대시[韓國現代詩]

811.7-KDC6
895.715-DDC23 CIP2017028039

가보자, 신라의 달밤을 두고온 그곳으로

·

2017

가보자,
신라의 달밤을
두고온 그곳으로

김순종 시집

도서출판 푸름사

■ 시인의 말

하나 둘 쌓아올린 벽돌에 시멘트 발라 덧치고
처음 바램으로 기도 하나 삐뚤어진 담벼락에
새들이 웃고 갈라
여지없이 장인정신 불러내 와르르 또 와르르
옛 시인의 말씀 '아까워 마라' 되새기며
다시 경건 하나 붙들고 자판 앞에 앉아
날개 길이만 3천리가 된다는 신비의 새
비익조比翼鳥를 빌려타고 천국에 문답 없을까
찾아 나선 마지막 날
창밖에 비처럼 우우우 머리를 털며 태어난
『가보자, 신라의 달밤을 두고온 그곳으로』

시인이 영혼의 울림을 듣지 못하고
보이는 것만으로 시를 쓴다면 건조한 피부처럼
비늘이 떨어지는 역겨움을 맛볼 것이라는 생각으로
펜을 들었지만, 두 번째 詩集을 상재하며
또 후회로 밀려오는 것은 결국
나를 이기지 못했음을 인정해야 하겠습니다.

가을에 '핀아'를 내리며

예인 김 순 종

차례

제1부 가보자, 신라의 달밤을 두고온 그곳으로

제2부 가을 꽃집에 놀던 아이

제 3 부 첫눈에 반한 은발의 신사가

제 4 부 진달래 먹고 물장구처럼

제5부 시연

제 1 부

가보자, 신라의 달밤을 두고온 그곳으로

가보자, 신라의 달밤을 두고온 그곳으로

그리움
어쩌면
이 침하의 덩어리는
정제되지 못할 오물로도 그리
당당할 수가 있는 것인지
별들의 축제를 거역하면서도
지들끼리 마주하며 눈빛 사룹던
선창의 밤은 여전히도 적우를
기다리던 갈꽃연서를 기억할까

그립은
어쩌면
수탈의 흔적 없이도 이 침하의
덩어리는 잘도 스미는 여름밤
내 어미와 피붙이들의 살내음으로 와서
정제될 수 없는 오물로 남는 것인지
또 남는 것인지

툰드라여, 지금 나는 거기 없소

그때 문득
어린 정신을 던져 놓았다가
지금 도로 찾은 곳은 모가지까지
유사有史의 빙벽을 이루고
나를 부르던 본유의 애정이 아니요
최후의 기회를 만지던 자와
무음의 찔림 속에서도 한참을 유탈하던
내 동공은 이미 그대로 할 말을 잃어
허린 아우성으로 전율했음을 아는가
전하여
존재를 두드리며 오르던 관절 육천 마디를 붙들고
목이 터져라 부르짖었던 늑대의 울음처럼
간절하던 소망은 아이러니하게도
이미 사막에 흐르는 물자국보다 이반의
광야에 홀로 핀 꽃이었음을 내 본유의
애정으로 듣겠나 오늘

너는 야윈 영혼을 끌며
어디를 가려 했느냐

나를 보고 싶었습니다

닳아 없어진 시간 밖을 건너
내출혈 직전의 허기진 위장이
허위허위 휘청거리면서도
어기영차어기영차 뱃놀이 간다고
말하고 싶었습니다
눈물 잔뜩 얼룩진 밤을 건너
불청객에 귀 세우는 불독처럼
사나운 이빨을 숨기려 하지도 않았고
골목을 돌아오는 어둠을 애써
피하려 하지도 않았습니다
가끔 역류하는 시간 안에서도 기어이
지상의 베일을
극복할 손때 묻은 거울이 있었습니다

그랬습니다

누야, 누야, 나 찾아봐라

세노야
세노야 너는 찹쌀떡 한 개로
내 동생 숨기고 콩밭가로
외발지기 아슬하게
숲 키높이로 하늘을 보며
뛰어놀던 봄 메뚜기는 여적도
우리 도야 기다리더냐
내 동생 도야는 아직 덜깬 잠
꿈 중에 있어도
누부야
누부야 달달하던 목소리 들려주는데 나는
아침에 일어나면 퉁퉁 부은 눈이 우리 도야
제비초리도 이뿌던 뒷덜미만 보고 있네
시몬아
시몬아 긴 잠에서 깨어나라
우리 도야 품어안고 다독다독 다정하고 온유한
누야 품 열어다오 누야 품 얼른 열어다오

오늘 가고 그 다음날에는

뜨거운 것을 만지다
후회하는 아이처럼
본질적 요소로 해후하는 것이야
정적인 고요로 안기는
두 뼘 닮은 인연이라서
홀로이 청할 수 있는 것은
추운 밤 불티의 온기로
채워지는 소야곡小夜哭처럼
작은 이름 하나 어제라는

일몰 어느 때
정 하나 가진 이야기로
온 밤을 왔다가
썰물로 빠져버린 바닷물처럼
하얀 소금기를 남겨놓을 때
그리워 멈추지 못하는 것은
다시 갈증으로 다가서는
또 어제라는 이름 하나

간장 같은 여자

정情이라 하여
기어이
우려내던 눈물 같아서
봄이 오면 진달래는
다시 필지라

그 사람
한순간 멀어지던 호흡이지만
무작정 미련으로 물 주던 정을 닮아서
봄이 오면 진달래는 다시필지라

정이라
정이라 하여
이 사람 문득
돌아올 때 숨길 같아서
수줍던
첫눈맞춤 그때인 것처럼
봄이 오니 진달래는
또 다시 피더라

나에게 시인이

죽어도
못 놓을 자존심 하나 갖고
물 위에 홀로 뜬 돛배처럼
외로웠을 사람아

헤적이는
달빛이 너무 좋아서
의식 잃은 영혼으로
그윽했을 눈길이여

빗소리마저 아팠더니

섬처럼 외로이 떠 있을 때
간절하던 호흡은 시리움에
흐득여 울며 피운 꽃인가

아! 날개는 퍼덕여 무엇을
볼꼬 하니 속알머리 없이
흘러가는 저 바다란 말인가
저며드는 저 물결이란
말이던가

일기장에 사는 너랑 나랑

때로 우리는
가뭇없는 이상에
도취된 배우처럼 밤을 기울다
쓸쓸했던 빈집이여

허리 구부려
기대 없을 서랍을 열면
면 없이 인사하는 양말짝들과
계면쩍은 이야기를 나누었지

때로 우리는
허망한 먹이 앞에
부리를 놓은 참새처럼
쓸쓸했던 빈집이여

기억 하나 놓지 못해
마지막 잎 붙들고 선 고목처럼
털어낼 이야기를 나누었지
그때 그 이야기들을

후에, 반드시 후에 받을 편지

골목길 돌아설 때에
모질게 뛰었던 가슴은
이별을 접수한 모퉁이에 벌서고
목련을 피워낸
담장은 거드름을 걸었구나
나부대는 장터처럼 바쁜 날은
훠이훠이 가도
창백한 손목에 매달린
핏줄은 제 할 일에 더딤 없으니
그렇다 단정하지 마라
세상사 이면서 없듯이
아직도
끝이 보이지 않는
길가에 서면 뽀얀 먼지 사이로
허락된 내일이 설중雪中 매화로구나

해운대에 비올 때는

철없다 파도야

동백을 피우고도
아름답지 못한 섬은
진종일 물음에도
답하지 못하는 가슴만 붉고

물가에 서면
이유 없는 이별에
채근 없이 떨어지는
빗소리에도 목 메이거늘
철부지 너는 종일을 울고도
여적이 그칠 줄을 모르는지
동백을 피우고도
아름답지 못한 섬은
보채지 않아도 제 설운 것을
파도야
철없는 파도야
피안에 홀로선 낯선 이방인처럼

어찌하여 물가에 서면 그리도 홀로 울더란 말이냐

물의 심장을 만지다

참 따뜻하다는 생각도 잠시
손끝에 머무는 기포들의 수다가
혼을 흔들어 깨울 때
녹슨 수도관을 타고 오랜 시간
당신을 만나러 왔노라고 말해 준다

어쩌면 아무렇게나 뛰어다니던 파편들이
무시로 세월의 흔적들을 앓고
증기로 변하여 잔소리를 늘어놓는 불청객의
일상이 된 것인지도 모를 일이야
가끔씩 수저의 마찰음 그 전율이야말로
예전에 머문 적 없는 미지의 땅끝에서
알지 못하는 꿈 중의 새벽을 건너왔을까

수중을 탐색하는 물의 뼈대들이
이윽고 도기들의 눈부신 이목구비와
그윽한 눈매를 출산하리라
열손가락 끝에 노닐던 물의 기포들이
녹슨 문고리를 닫아걸 때쯤
오늘의 순서로 통과하는 일상에서

누가 지금 이 시간에 백합탕을 끓일까

어찌 된 일인지
어제 갯가를 뒤집던 바람이
수많은 허파를 끄득여 호흡을 남겼을
그들의 잔해를 부수고 막 잠에서 깬 등대가
알 수 없는 독백으로 저려보던 해무는
먼 길을 돌아온 초로의 낭인 같구나

부르고 불러서 더욱 무딘 이름은
어찌된 일인지 기척 없이 머물고
상실 없는 기다림 이리도 적막할 때
너는 기쁜 아낙이 되어 뻘바닥 누이며
나를 위해 하나 가득 바다를 옮겨와
달그락달그락 또 달그락
오늘의 이유 하나 남기고 있는 것인지

도울 수 없는 부자가 되어

한순간도
배부른 적 없는데
켜켜이 쌓이는 것들이 호사를 누린다
그냥 있어도 습득되는 것들이
서글픈 몸매로 지붕을 얹고
뒤뚱거리며 따라다니는 두 다리는
영혼 없이 세 다리가 되리라
한번 가지면 움켜쥐고 나눌 수 없는
나이라는 양식에 고마워 눈물낼 일 없는데

어느덧
오늘 하루가 양식이 되어
채우고 가는 시간을 놓지 못해
쌓이는 문 앞에 서성이는 내가 있고
더불어 곳간을 미리 채워 놓은
내 미욱한 정신 하나 지키고 지키는
낯설은 이 고해는

커피, 어제는 블랙으로
오늘은 라떼로

쨍그랑 쨍그랑 찰찰찰
컨츄리의 탱고는
모던modern의 부루스를 꾸짖고
젊은 그대를 외치던 그날의 살사는
늙은 그대를 기억하라 한다

아기의 옹알이로 시작된 하루는
헤롱거리는 불독의 오후에 있고
사랑이 게을러서 눈물짓던 어제는
반질반질한 낭만 그대를 기억하라 한다

해운대 백사장 우산장수는
비오는 날 비키니 가랑이 사이로 수영하러 가고
껌 팔던 노부는 백억 복권 당첨이라 갑질하러 간다
컨츄리와 모던의 만남은 엿장수의 절묘한
가위소리처럼 오늘을 쨍그랑 쨍그랑 찰찰찰

호박꽃이 다시 필 때 당신은

내가 사랑하는 당신에게
무슨 말을 더 할까요
천번을 만번을 불러도
처음인 듯 새로운 당신이란 이름 오롯이
나를 설레게 하는 것도 오늘 아침입니다

나를 사랑하실 당신에게
어떤 말이 더욱 빌미가 될까요
분명한 것은 아직도 나는
당신을 퍼담는 가슴에
추위를 느껴본 적이 없기 때문입니다

물먹은 호박꽃이
나를 설레게 하는 것도 오늘 아침입니다
고맙다는 생각도 잠시
밤새운 호흡으로 습기찬 새벽을 건너왔을
땀방울로 나를 설레게 하는 가슴이
아직도 오늘로 머물기 때문입니다

어제 두고 오늘 핀 꽃

어제는
눈도 채 못 뜬
네가 하도 슬퍼 보여서
태양의 심장을
옮겨 주었다가

오늘은
눈뜬 네가
참으로 대견해서
나의 폐부 안으로
공손히 옮겨 왔네

어리석은 바보야
바보 같은 울보야

눈 감으나 눈 뜨나
너는 그대로인데
내가 너를 슬퍼하여
눈물꽃이 되는구나

제 2 부

가을 꽃집에 놀던 아이

가을 꽃집에 놀던 아이

사색 하나 붙들고
오랜만에 찾은 꽃집
이슬로 마른 잎 헹구며 놀던
나팔꽃은 없어도 코끝에 매달리는
무릇꽃 살내음이 바구니 한 가득
가을을 담아 준다

행인으로 와줄
제 주인을 기다렸을까
나를 두고 그들이 소란스럽고
택함 받은 녀석이
우쭐거리며 내 품을 파고들더니
집에 오는 내내 징징거린다

함께 놀던 햇살을
예쁜 그릇에 담아 주어도
벌써 두고온 그들이 보고픈 게지
하루해가 다 가도록
마음 한쪽에 흐르는 물소리는
아이의 마음을 헹굼질하고 있다

포도 한 알의 사랑

호젓한 시간입니다
포도 한 송이 접시에 담아
당신과 마주합니다
도란이 하루를 주고받습니다
참 좋은 시간입니다

어느새
수염이 자라서 희어졌네요
그래도 서글퍼 보이진 않습니다
내 얼굴 주름 보듬어 줄 당신이니까요

어느덧 한 알의 포도가
접시의 주인이 되었네요
나를 위해 당신이 남겨둡니다
나와 닮은 당신 입에 넣어 줍니다

나는 그냥 풀이라서

꽃이라 꽃이라
네가 베임을 당하여
낭자한 피를 쏟고도 즐기며
나에게 그 홍조를 자랑치 마라
산에 산에 놀던 꽃이
광야에 있을 때는 하도 예뻐서
이름조차 젊은 꽃이라

꽃잎 진 여류에게도
위로라는 게 따로 있어서
오늘 못다한 일 하나 챙기며
밤을 가진 펜촉 끝에 잉태한 풀의 종자
고통으로 출산할 때 한밤을
건너온 새벽달이 부드러운 손길로
쓰담쓰담 잠이 드는 사랑도 있으니

벽돌 쌓기가 쉬울 수 있다면

진종일 궁한 문을 열면
까칠한 모래와 더욱 보드랍게
자신을 낮춘 시멘트를 만난다
시도 때도 없이 일하는 것도 아니고
절벽 같은 생각 안으로
때를 봐 가면서 눈치껏 구슬러야
그날의 기초 담 세우고 헤헤거릴 수 있어
무수한 설계를 토대로 문양을 그리고
담을 치기 시작하면 무너지고 또 주저앉는 쇠고집
진종일 시간을 붙잡고 섬기는
어이구야 내 염려는 어디쯤 뿌리에 닿고 있을까
어쩜 이리도 가식 없이 나를 붙드는지
이도저도 정 붙일 만한 것이 없을 때는
미안하지만 마구 부숴버리는 용렬함도 몫을 하리라
허박한 뒤에 오는
속 시원한 이면이 또 나를 재촉하여
자판 앞을 떠나지 못하게 하는 여름밤의 덧대는 노고가
가을 수확으로 오는
詩의 담을 얹어놓고 또 헤헤거릴 수 있어 좋은

어머니, 그 뼈대를 낮추시고

어머니의
혈관을 채우기 위해 이미 말라가는
혈액을 붙들 수만 있다면 얼마나 좋겠습니까
어머니의 근육을 채우기 위해 이미 노쇠한 가죽이
허락만 해준다면 얼마나 좋겠습니까
이미 머나먼 미로를 건너온 대안없는
사유들 도처에서 얼룩진 곰팡이로
풀줄기처럼 가볍기만 합니다
어릴 적 풋고추 된장 찍어 뜨거운 보리밥 후후 불고
엄마 품 파고들며 서로 울엄마로 우기던 못난 새끼들은
살아온 내내 어머니를 슬프게 했던 일들만 가슴 아려
불효로 남아 있는데 어이 이렇게 늙어 버렸습니까
한번도 당신을 위한 기쁨을 말하신 적 없으니
명품이 무엇인지 꽃구경이 무엇인지
꽃이라고는 철따라 피는 들꽃이 전부인 줄 아는 어머니
어머니를 견디게 하는 것은 마디마디 지탱하는
썰렁한 하루를 불러세워 용기를 담고 핏대를 세워
세상 앞에 반듯이 세우는 일이라
이토록 늙으신 후에야 알았습니다
못난 자식 후회 앞에 엎드려도 내일 또 다시 자식 위해
울고 계실 내 어머니 기도의 손 모아 드립니다

모내기하는 날은

텁텁한 탁배기
한 사발 쭉 들이키고
열무김치 안주로 쓰윽
한입 베어 물면
느닷없이 튀어나오던
노랫가락 있다

'갈매애기이 파도우이에 날지이 마알아요'

못밥 이고 오던 아낙의
엉덩이가 씰룩거릴 때마다
왼손에 든 막걸리 주전자가
제 흥에 출렁이는 남정네의
딴딴한 힘줄이었고

엄마가 못밥 이고 오실
논둑길 따라 비가 와도 땀나도록
잡고 마중 가던 막내동생 그 허한 손목과
박바가지에 쏟아붓고 쓱쓱 비비던
엄마의 달디단 젖가슴이 있다

나는 한밤에 깨어

바닷가에 내리는 비는
발가벗고 뛰어다니는 아이들 같아서
진종일 내려도
소리없는 자유같은 거

한입 가득 진지리 캐어 물고
환하게 웃음짓던 동생들은
곯아서 움켜진 배에 낡은 고쟁이
닳아빠진 검정고무신에도
행복한 천사들이었던 시절
꽁당보리밥에 엄마의 한숨을 섞어 먹었어도
그 온기에 배부르고 신명나 하루를 씨름하던
단칸방에서 갈치잠으로 발 포개며
사랑을 비비던 그곳에는
늘 애잔하던 피붙이들과 나를 묶어둔 여문 추억들
축담 위에 고무신들이 가을을 두런거리던 그때

부탁이라고 말은 해도

유체의 이동을 타고
흐르는 10초의 시간아
너는 나를 간섭하느냐
이미
말라버린 풀잎의 유서는
어느 저녁 문득
일으키는 바람에도
안녕을 물었을까
하여
산발적으로 옮겨진
걸음에도 당연히 이유가
있느니
보라,
그대에게 물음 하나
던져 놓거든 설명없이
안부 하나 전해 주시게

왕이시여, 당신을 만나던 날에는

내안으로 열리는 무수한 몸짓보다
석회로 둘러싼 당신의 말씀들이
내 혈관을 통과하지 못했지만 여과를
서두를 수는 없어 울었습니다,

나를 섬세하게 하는 것들이 비통을
수용할 때 그 가치의 문이 열리더니
최상의 대좌 앞에서 복종의 딜레마에
빠져 더욱 울었습니다
마구 흔들리는
종탑의 눈물이라 여기고 체념할 때
비로소 날아갈 수 없는 날개를 관통하던 것은
십자가에 박혀버린 못이었지요

천상에서 배달되었던 한송이 꽃의
주소록에는
천근의 무게로 짐진 나에게
'오매불망
 내가 너를 사랑하노라'

꽃신이라 짚신이라

아이는 자라서
스스로 크는 내용으로
엄마의 치마폭을
걸어다니고

청년은
미처 측량할 수 없는
보도블록 사이에서
무심결에 장미를 꺾는다

장년은
오늘 하루 지킴이로
홀로 만든 밤과 낮에
고독을 잔이라 마시고

이윽고 황혼은
무덤 속을 걸어다니며
처음의 옹알이로
아이가 된다

시계 되어 오는 그대

낯선
이별로 떠났다가
내가 기다릴 줄 어찌 알고

눈가에
말없이 걸어놓은 약속처럼
그대를 기다릴 줄 어찌 알고

걸음
움직일 때마다 그리움 밟고
다닐 내가 울 줄을 또 어찌 알고

그때
순간마다 내편이 되어
아슬하게 나를 지킬 줄 어찌 알고

거기, 여기, 저기요

가끔 나는 근심하여
한숨을 쉬기도 하고
못난 자아를 다스리지만
나를 위해 부정한 것들을
기뻐하지는 않습니다
아직도 초저녁인데 등짐지고
비틀거리는 취객의 안전이 염려되고
고물고물 위층 아이들 장난감 끄는 소리를
셈법으로 이해할 수 있는 여유쯤 갖고 보니
내 남자의 목덜미를 양손으로 옥죄는
넥타이란 놈을 용서치 못할 이유는 더욱 없지요
지금도
별수 없이 허한 뱃속을 두드리며
풀잎을 건지는 그런 여자랑
상추 한 쌈 하실래예 여러분

낡은 사랑 그 호흡은

종일을 끓여도
수증기로 증발 없을 장난스런
웃음꽃이 좋아 울타리 안에 옮겨 심고
텁텁한 막걸리 한 사발에
무청 같은 안주가 되어
그대 입가에 허허로운 웃음이고 싶었으나
사람 좋아 술도 좋다던 그대가
미워서 흘긴 눈도 시리더니
제자리 돌아와 아이 손잡은 서른 해
여전히 나는
그대의 무청으로 남아서
구수한 장국 보글보글 철든 사랑 우려내고
그대 곁에 잠든 밤은 하늘이 덮어준
이불이 되어 따스한 온기가 되는

태양을 품은 흑장미

남男과 여女는

총 맞은 적 없이
가슴에 구멍이 뚫려서
흘린 적 없이도 흥건하게 젖은 핏물
헐떡이는 숨을 멈출 생각도 없이
기대조차 허락 없을 봉분 속으로
마침내 너는 누우려 하는 것이더냐

남男과 여女는

뻥 뚫린 가슴으로 네가 말해도
태양이 붉다는 이유로 방아쇠를 당긴
뫼르쇠의 모를 속처럼 나는 답하고
총 맞은 적 없이도 가슴은 찢겨
쏟아내는 피처럼 낯 붉은 네가
그 모습 조금은 창백한 채로 천천히
천천히 붉어 안기면 더없이도 좋으련만

남男과 여女는

* 뫼르쇠 : 까뮤의 『이방인』 중에서

웃고 가입시더

엄마!
와 부르노
아이다마 그냥 불러본기다
와 젖 주까
뭐라카노
와 자슥아
니가 엄마젖 묵고 컷제 뭐 묵고 컷노
시끄럽다마 나는 기억없다
자슥 지랄 아이가
증인이 있다
눈데
누구긴 자슥아 느가배지
아이고 오매야 거짓말도 잘한데이
울아배가 엄마젖 묵고 컷것제
나는 엄마가 해주는 밥 묵고 컷다 아이가
엥~~ 왜야 우야꼬 그기 글케 되나

꽃이 나를 불러서

입가에
마른침 훔쳐가며 보던
계집애의 목덜미 같은
살빛이 참 좋아서

볼 붉히며 가슴을
풀어내는 것도 그윽히
당겨진 꽃의 숨소리더라

불의 야회복을
알맞게 입고도 차라리 맑고
투명한 호수처럼 그 아름다운
잔상이 마음을 불러서

고와라 고와라
다시 오마
사방에 걸린 그들의
낮빛처럼 더욱 참한
이별 하나 걸어두고 돌아섰네

제 3 부

첫눈에 반한 은발의 신사가

첫눈에 반한 은발의 신사가

주민센터 가는 길에 앞서 걷는 은발의 신사
첫눈에 왕 반했다
집나간 울집 신사는 아직도 소식 없는데
관심을 안 가진다면 내가 눈이 삐었지

가을이 데불고 와준 선선한 바람이 살랑살랑
살내음이 좋아 길동무 청했더니
하 요것 봐라 저도 신사의 나부대는 머릿결에 호감인가
나와 앞서거니 뒤서거니 강적을 만났네
한참을 따라가다 보니 그 신사 하는 짓이 우째
어이구 저, 저 망측한 쯧쯧 저도 사내라고
대낮부터 길에서 마주친 여자마다 웬 수작질인고
다소곳하게 제 얼굴 내어놓고 정오의 일광을 즐기는
코스모스 목덜미에 허락도 없이 코를 너불거리고
앉은뱅이 풀꽃들까지 연신 힐끔거린다
심지어 나란히 나란히 줄서서 소풍 나온 전봇대마다
모두가 애첩인양 한 다리 들어 발기부전인 듯 찔끔거리고
엄마 손잡은 아이 손에 막대사탕 보고 침까지 흘린다
영 내 스타일 아냐 그러든말든
힐끔 나를 한번 쳐다보더니 은발을 부르르 털어대며
주민센터 마당가의 작은 집으로 기어드는 신사

사랑을 훔쳐본 죄

늦게 오는
여름을 칭얼대며
성급하게 제 품을
열어버린 봉숭아
저 순정 좀 보아
빨간 꽃잎 꽃잎 살갑게
손톱에 정을 심어주면
혹여
오십견으로 굳은 어깨가
슬며시 내려다보고
좋아할랑가

팔랑팔랑 나부대는
봉숭아의 붉은 고백이
우물쭈물 수줍어 말 못하는 아이 같지만
하얀 초승달로 여문 손톱과
사랑 일구어 만삭이 되면
혹여
오십견 풀어내린 어깨가
슬며시 내려다보며
오래도록 행복할랑가

그립은 친구는 와인처럼 달고

썬샤인에 앉아
와인잔 마주하던
푸념 속에는
하루해가 다 가도록 함께 울던 그 갈매기
무슨 이야기들로 저물고 새웠는지
기억 밖의 마음으로 빗어놓은 꽃자리에 앉아
오래 삭힌 와인처럼 객기 청하는 지금
안부 하나 묻게 되니 잘 지내는가
송도 바다를 지나다보니 그 카페는
세월 속에 수장되어도 우리가
던져놓은 조약돌은 내 나이를 알았을까
그리 부산을 떠나갔어도
나를 묻는 안부 하나 남겨놓고 갔을 터
잊지는 마시게 우리 서로
미움 하나 걸친 적 없으니
너와 내 속에 담아놓은 수평의 이야기
이쯤 파도에 휩쓸리고 있을 테니

빈 의자

이보오
만삭의 열매를 털어내고도
아직 하나를 품지 못해 울고 있는 거요
서로 모르는 두 사람이 만났을 때
그들은 공손하게 행동할 수도 있고
이를테면
통성명도 하기 전에 엉겨 싸울 때도 있소
특별한 것은 없소
다만 그 시간에 당신이 거기 있을 뿐

새의 깃털을 털어내는 것은
날개의 자유인 걸 어찌 하겠소
공의로운 계단 아래는 흰 나팔이 있소
두 손 모아 힘차게 불어야 하오
특별한 것은 없소
인자와 비분강개를 목도했을
그 시간에 당신이 거기 있을 뿐

나리는 빗방울에 간섭은 아예 마오
그들에게는 자유가 있소 심장이 있소
다만 철든 시간과
삭정이 노란 현재가 있을 뿐
아직도 읽어야 할 한권의 책이 남아 있소 그렇소

하여, 사랑합니다

아들아
가방은와또주섬주섬챙기노
응 축구하러갈라꼬
우째 니는하루를가마이몬있노
유일한나의취미를말리지마라카이 흐흐
아 저번에접질린발아프다카이그러지
그래서살살뛰니까걱정안해도된다카이
니를 누가말리노조심하고갔다오거라 응,

창조주 하나님께 의지합니다
공이 날아올 때 비켜가게 해 주시고
공이 발 닿지도 못하도록 섬세하신 손으로 막아 주시옵소서

딩동!
아들오나? 응! 다친데는없나함보자? 응! 개안타 시무룩
와 그라노
아! 넣을수있었는데공에눈이달렀나 나를자꾸비키간다아이가
헛발질만계속하다왔다 투덜투덜! 응 그럼그렇지

사랑합니다
제 기도를 들어주신 거룩하신 하나님

그리움 남겨두고 잊으시구려

남겨진
눈물 한방울
금잔에 두려 합니다

남겨진
서러움 한조각도
함께 두려 합니다

몽유의 꽃처럼
허망타 해도 나에게

대책 없이 눈대중으로 오는
그대는 길을 돌아 돌아 통보도 없이
내게로 오십니까

나는 늘 기다리는 사람이었고
언젠나 그 자리에 있었습니다

뭐라 뭐라캐사도

젠장 마즐거
누가 뭐라캐도 내사마
풀잎파리 묵고 살아도
등 따시고 배 부리면 그마인기라
사는 거 매냥 거기 아니면 여기 아닌감

큰오빠는
너도 나도 고향을 떠나는
사람들이 아쉬웠는갑다
시방 감시롱 언제 올라꼬
구시렁거리는 독백은
언제 다시 오리라는 기약도 없는 소설이 되고

떠나는 사람들과 이기적으로 부른
이별 슬픈 고향정거장 같은 거
홀로이 뒷산에 올라 시커먼 매연 남기고 남기고
꽁무니 빼고 있는 낡은 부락버스를
찍어내던 눈물로 가렸을까
큰오빠는

주정차위반

피로한 몸을 이끌고
육중한 문을 열고 들어서면
나를 반기는 것들의 맹세가
절대의 가치를 부여한 채
때묻은 얼굴들을 내민다

각기 자신의 것이 최상의
서비스와 품질을 외치며 어느 도로위에서든
고객만족도 1위를 자랑하고 왔을 폼들은
이름도 가지가지 볼 터진 아우디와 끈도 낡은 벤츠
옆구리가 마당이 된 에쿠스에 젊음을 자랑하는
좌판표 모닝까지 무허가 주차장처럼

안 그래도 피로한 내 눈가에 다크로 급피로를
보태주는 현관 입구에서 발생한 범칙금은
울집 두 남자 아들과 애비가 발급대상이다
주저리주저리 최상급 잔소리로
혈압상승하는 이 통증

라면 하나 끓여 놓고

가끔씩
뗏장을 놓는 생각 하나에
냄비를 올리고 불을 당기면
어쩌다 면목 없이
내 안에서 웅크리며
떨어져나간 지폐 반장에도
추억 속에 여물던 시절이 꼭
나쁜 것만도 아닌 것을 알게 한다
불룩한 배를 끌어안고도
여물게 감춘
바람 속 길을 밀치며
족함을 모르는 지금보다
그때 먹던 삼양라면 맛인지라
라면보다 건거니가 더 많아도
가마솥 앞에 쭈그리고 앉은
새끼들 입에 넣을세라
볼우물 호호 불며 흡족하신
엄마는 연신 매운 연기에 콜록콜록
불 안 드는 부석에 불붙어라 불붙어라
내 새끼들 맛있는 라면 빨리 끓어라 하시더니

오늘만 그리울까

접동새 울어대던
양철지붕에 비라도 뜰라치면
엄마는 비설거지 바쁘다고
오빠를 부르고
태풍전야의 바다가 성낼 때도
엄마는 두려운 가슴으로
오빠를 더욱 크게 부르고
연필 끝에 침 발라 아직도 끝내지 못한
연애편지 마무리에 오빠는 푸념으로
대답 없이 궁시렁거리더니
빗줄기 몸체 위에서 갈퀴를 세울 때면
종국에는 도야와 나를 불러
으름장을 놓았다
엄마 등에 업혀서 송아는 싱글벙글
이럴 때 뭍으로 간
엉가라도 온다면 얼마나 좋을까마는

그집에서 만난 친구들

오랜만에 그 밥집에 갔더니
구석에 자리한 삼십대쯤의 여자들이
참 수다스럽다
밥먹고 자리를 옮겨 들른 카페에도
역시나 그 여자들이 자지러지고
큰소리로 웃고 떠드는 소리가
한세상 건너는 사명인양 소란스럽다
아마도 남편 주인공에 자녀들 조연이고
소리 건너는 이웃들이 엑스트라 등장이겠지

그런데 자세히 보니 낯익은 얼굴 얼굴들이다
아, 세월 내 젊음의 모습이 오래 전 다니던 곳마다
나하고 다른 셈법으로 산 흔적들이 남아있었구나
그래 그랬었지 우리가 말이지
어디서 무엇들 하며 살고 있는지
오늘만큼은 전화통 붙들고
내일이 없는 것처럼 수소문할 일이다

결혼을 서론, 위기, 본론, 결론으로 말하다

남자는
구슬치기하면서 하늘의 별을 따준다는 약속을 하고
여자는
돌을 손에 쥐고 하늘의 달을 품었다고
어김없이 말을 하지

낯선 거리에서 운명처럼
자전거 바퀴를 돌리는 두 사람 사이로
우레를 동반한 굵은 빗방울이 충고라 한다
하도 서러워서 혹은 두려워서 마주보게 되는 얼굴

한없이
친절하지는 않아도 흐린 날을 일찍 아는 남자는
미리 알아서 자전거의 페달을 밟고 이쯤
뒷자리에 안장 참 햇살 부여잡은 여자는 깍지낀 손에 힘을 준다

떠나가는
아이들의 웃음소리가 남기고 간 자동차의 매연 속에서
그리움 가득한 눈으로 남자와 여자는
지팡이에 힘을 주고
애잔한 두 번째의 옹알이로 서로를 위로하지

착한 납세자

얼음 위에서도 내 영혼은
뜨거운 불속을 걷고
물속을 휘도는 수많은
잡어들의 하루처럼 죽을힘을 다해
파도를 탈 때 껍질을 뜯긴다
문득 의식을 베어물 때면 이미 녹초가 된
한 방울의 여린 피와 땀
무지의 굴레는 오류를 범할 때
차라리 성스런 입맞춤일까

시린 손을 내밀어 불씨를 당기면
꿈속에서 최후의 기회를 가지던
응어리와 허물들
유황의 이글거림이 내 영혼을 할퀴고 지나간다
해믈리트를 의식할 때 신神의 목적이 이미 와닿고
이미 시들어버린 들꽃 한 송이의 혼조차
잠재울 수 있는 권리가 없다니
내가 나를 간섭하여 어디로 갈 것인가
그럼에도 평지처럼 닦아낼 것은
미욱한 호흡 한 자락이 내가 가진 전부라서

그리워도 이제는

한참 옛적
달빛을 온몸으로 쓸어안고
엄마의 등불이 되었던 밤

낮에
토해내는 햇살로 매미는
밤을 재촉해 울기만 하더니
제 살 털리며 울어대던 깻단이 조용해질 때까지
엄마는 키질의 손을 놓지 않았다
여물게 제 속을 단속한
깨알들이 쏟아지는 널따란 키 안에서
쓰러지기를 반복하던 내 동공
언제쯤
엄마는 긴 숨을 내몰며 봉초담배를 피울까
졸음이 나에게 쉴 새 없이 묻던 밤

인애仁愛

예수님은 성경을
읽어본 적이 없고
공자님은 논어를 읽어본 적이
없겠으나
나는 그들의 연서를
거듭 읽고 있으니
이미 오래된 사랑처럼
나에게 이르시는 고백을
듣지 못했다면
나는 내가 살았던 게
나의 전부인 줄 알고 세상 떠나서
암흑의 바다 가운데
부표 하나로
떠다닐 것이다

앵두꽃

사리사리
피어 오르는 안개 같으나
한낮의 햇살 깊은
눈부심이다

미리 붉지도 않고
경박하게 그 내음이
부끄럽지도 않아서

참 좋다는
말 한마디로
표현하기 차마 미안해
사물거리는 님인양
올려다보니

잉태를 준비하는 열꽃이 붉더라

제 4 부

진달래 먹고 물장구처럼

진달래 먹고 물장구처럼

너가 울며는
어릴 적 감꽃 한 송이
그 꽃도 그리울 내 어미의
가슴도 울리라

검정고무신에 물 채워
새끼버들치 몇 마리 띄우고
할미꽃 그토록 아름답던 자색의
꾸밈없던 순수여

너가 울며는
어릴 적 엿장수
가위소리도 그리울
내 오라비의
가슴도 울리라

여름날 꽁당보리쌀을
몽돌로 깎아내던 내 언니의
한박자 늦게 울음우는
새떼들의 그리움으로 울리라
풀피리 잎피리 호들기로 화답하던 새암 근처
너가 울며는

탁본

아아
울어매 어찌하여
꽃속의 눈眼으로 허기를 채우며
산고産苦로 나를 풀고 하루를
백날같이 이룰 사랑이라 했는지
긴 터널 빠져나올 때쯤
시야 가렸던 어둠 기억하는 새끼들아

어느새
발가벗고 그 품에
놀던 너와 나는 간 곳 없고
울어매 졸라매던 투박한
허리띠가 내 허리를 감아
마른 뼈에 후벼들고
숭숭 뼈마디 바람들어 타고 오네

아아
아프고 또 아픈 자리인 줄
그때 알았더라면 그때 알았더라면

한반도는 아직도 꿈

피에 주린 자들에게 볼모로 잡혀
실종된 심장 두 개
한 둘 가네 가 그토록 울던 새도 구름도
무시로 꽃이 피는 자리마다 봄도 울고 나도 울던
언제 적인가
그들이 놓은 손 잡지 못하고
미처 귀 열지 못한 총포소리
엄마 아부지를 애타게 불렀던 피붙이들은
백발인데 대답은 무덤으로 돌아오더니
핵무기가 웬 말이며 사드가 무엇이더냐
반도야 반도야 제발 깨어나거라
아직도 깊은 잠아
오천년 힘이 쇠하여 지리멸렬하니
'진정 후손들에 부끄럽지 않으냐'

흐미를 아십니까 당신도

"아리아리쓰리쓰리아라리요
아리아리고개를 너는 잘도 넘네
작년에 왔던 각설이는 올해도 절대 못 죽지
신고산이 우루루루 화물차 떠나는 소리에"

그 집 언니 물동이는 담너머로 뒹굴고

"노세노세젊어서놀아늘그지며는 더 노나니
어얼씨구절씨구차차차 기왕에 노는 거 차차차
기적소리만 기적소리마니
내 마음 알고나 있는지 모르것다
알고 나며는 못 노나니 하물흥 죽을흥이요"

해가 지며는 알게 되나니
아이고나 어쩌나 차차차
이제는 늦었네 차차차
더 늦기 전에 더 늦기 전에

더 놀고는 안 되느니라 차 차 차

중보

여러 날 무안한 그리움처럼
조금은 견고한 무릎으로
내 기도를 듣겠는가 그대
오늘 나를 비추인
우아한 샛별 하나 시온의 대로에
길동무 아니겠나
허투루 기억하지 말 것은
한 날의 헛된 망상에
수고로 받을 대가 없음이니
여러 날 사모함으로 만들어지는
성전의 모퉁이돌인지라
이제는 거두시게 애련한 눈빛을
오늘 나는 견고한 무릎으로
아무런 조건 없이 긍휼한
사모함을 보내노니 그대

누가 너를 들국화라 이름하였을꼬

울어라
너는 강한 적 없으니
가끔씩
흔들리는 하루를 열면
너를 닮은 밤이 좋아 사랑을 하네
비를 닮은
소인배 청하여 묻거늘
또 딴청인가
생각 없는 그대는

울어라
너는 강한 적 없으니
저 산에 홍엽처럼 너를 닮은 가을이 좋아 사랑을 하네
너를 닮은 비가 좋아
거듭 청하여 묻거늘
오늘도 모른 체 알 수 없는 그대더라

야훼

내 마음을 아느냐
제가 어찌 알겠습니까
너는 내 것이니라
어찌
믿으라 하십니까
유일하게 나를 닮은 형상이니라

네가 나를 사랑하느냐
잘 아시지 않습니까
너는 내 것이니라
어찌
안다고 하십니까
이미 내가 너를 조건 없이
사랑하노니

빅뱅, 10초 후 무슨 일이 있었나

엄마는
지구의 자전을 중심부양하고
메갈로폴리스에 갇힌 아이는
가끔 개기일식으로 침묵하여 문고리를 건다

뉴턴의 만유는
부식 없이 견고한 우주 배경복사로
집심執心과 이심李深으로 소의 경계를 이루고
운행을 극대화한 존음의 시각
엄마의 지구가 자전을 멈추지 않을 때
무질서 앞에 도리 없이 쭈그리고 있던 아이가
근근한 침묵의 문을 밀면
케플러 법칙은 제 소임을 다해
엄마의 품을 찾아 준다

꽃

누가
열아홉 살을
묻기에
얼굴 붉히며
꼭이
너라고
말했지

여인

철없이
들며나는 파도야

동백을 피우고도
꽃이 아닌 섬은
보채지 않아도 제 설운 것을

파도야
이 철딱서니 없는 파도야

어찌하여 물가에 서면 그리도 홀로 울더란 말이냐

가을은 이미 떠난 타인들처럼

오호라
창밖에 끌며 가는 그대여
옛사랑 거역 없이
마음 하나 정히 붙들고
겉옷 한 벌 벗어놓고 이별 부르네
가끔씩 흔들리는 지축 때문에
새 한 마리 품지 못해 눈물 우려내던 우듬지
미리 당겨버린 서러움처럼

오호라
한정 없이 끌며 가는 그대 그대는

어찌 그리 속도 없이 툴툴거리며
마른 언덕에 불 지피고 이별이라 하는지
태워라 심장마저
타 버려라 들며날 일 없으니
옛사랑 거역 없는 마음까지 훨훨 태워
미리 돌아선 타인들처럼

내 남자의 애인은

입술은
호흡이나
세상이
속임수라 시는
그분
모든 육체는 풀과 같고
인생의 영광이 풀의 꽃과 같다 시는
그분
풀은 마르고 꽃은 떨어지되
당신의 말씀은 스스로 정결하고도 고매해
마름 없을 샘 이라 시는
그분

영원한 서른 세 살의
내 남친
십자가 등짐 진
이분

천상재회天上再回

삭제, 수정, 첨삭으로
잘 삭인 장아찌처럼 숙성 발효되어 맛나면
얼마나 좋을까마는
하나둘 쌓아올린 벽돌에 시멘트 발라 덧치고
처음 바램으로 기도하지만 삐뚤린 담벼락에
새들이 웃고 갈라
여지없이 장인 정신으로 와르르 다시 와르르 허문
처음의 유려한 집착
시인 스승님 말씀 아까워 마라 되새기며
다시 경건하게 붙들고 자판 앞에 앉아
날개 길이만 삼천리가 된다는
신비의 새
비익조比翼鳥를 빌려 타고 천국에 문답 없나
기웃거리며 나선 마지막 날
창밖에 비처럼 우우우 머리를 털며 태어난
깃털 속의 여린 피
가보자, 신라의 달밤을 두고온 그곳으로

산길 내던 아이들

책 보따리 풀어 던지기 바쁘게
엄마가 긁어 놓은 누룽지 손에 들고
대바구니에 새끼줄 챙겨들면 어느새
갈고리란 놈은 의기 양양 앞장세우고
새들이 늦가을을 읽는 시간 온 산을 깨우며
한참을 제 살 주지 않으려는 나무들을 털어 한짐 뚝딱 지고 오던 시절
내 동생 도야는 꾀가 많은 아이라
어느 날은 속 검은 하늘이 뮛부랑 타고 갈비를 털어내리는
우리들 머리 위에 잔뜩 골난 얼굴로 겁을 주더니
식이를 불러 야! 느그 할배 산에 나무하러 가자
거기는 나무가 많으니까 후딱 좀 하자
식이는 바짝 쫄아 도야를 보더니 잔뜩 주눅든 얼굴로 호응 안할 수 없었겠지
우리는 몰래 숨어들어 신나게 바구니를 채우다 숨어 지키던
산지기 할배한테 바구니까지 뺏기고 엄마한테 엄청 혼이 났다
엄마는 다음날 식이 할배한테 싹싹 빌고빌어 바구니를 찾아오다
너무 무서워 가슴을 쓸고 왔다며 땀에 절은 풀빵봉지를 한숨을 섞어 꺼내 놓으셨다
얼마나 무서웠으면 엄마는 겁먹었을 새끼들만 짠했을 터
너무도 무서워서 별명조차 왜가리 할배
그래도 마냥 그리운 그 산에는 지금 반딧불이와 별똥들 의좋게 어깨동무로 놀고 있을까

노래, 올리비아 뉴톤죤

그대는
늘 물음표 앞에 둔
슬픈 사랑을 하고도
행복했군요
그대의 슬픈 사랑에 난
속절없이 합류합니다
사랑이 죽어가는
장작불 같다는 말씀에 공감합니다
나의 머리가 백발이 되어
가는 것도 공감할게요
그러나
헛된 사랑을 했다는 말씀에
공감할 수는 없습니다
왜냐구요
나는 한때 몸을 달군
이골이 난 사랑을 다시
천국에서 만날 자신이
있기 때문입니다

눈물은

천차만별의
곡절을 거느리고
우우우
하고
떨어지는
비
비의 식구들끼리

제 5 부

시연

시연

어제는
시목詩木 한 폭 옮기다가
혹여 앞선 사람들이 미리
심어놓고 잠시 돌아서 물꼬 트는 사이
내려앉은 그늘 아래로 조분히 나눌
이야기가 있나 물었습니다

가온을 바란 일 없고
난 새의 깃털을 사모한 적은
더욱 없음에 여워로우나
때로
혜윰의 소그랑 장난에
나님의 뜻대로 산다는 것이
힘겨울 때도 있었더니
어히여
오늘도 영광도서 앞 분수대를 희롱하여
어린 시목 한그루 심고 보아 또
나를 이기지 못했습니다

시인은 은유로 유려하니

내가
작품을 만드는 것은
고뇌가 아니다

하여–

내 작품이
하는 말을
당신이
담지
못하는 것도

그대 닮은 몸짓으로
부활 전이기 때문이다

새끼는

옆구리에서 핀 꽃이라
양귀비의 몽롱한 체온을 가진 것인지
한번 중독되면
해독제가 없다는 것인데
문제는 마냥
바보처럼 웃게 되는 입이랍니다

표준의 수위가 없는 카페인의 중독처럼
꼼짝할 수 없는 볼모가 되어
찾을 때마다 이유가 있다는 것인데
문제는 우울한 하루를 휘청거리다가도
마냥 힘이 난다는 얘기지요

독을 가진 줄 알면서도
꺾어버릴 수 없는 절대적인 꽃이라서
중독과 해독을 함께 가진 치료제
어쩔 수 없는 차마
간극과 간극 사이
옆구리에서 핀 꽃의 희롱입니다

사랑이 허물벗기 시작하면

따로 방지기도 넘치는 사랑인가
슬픈 사랑아라는 말이 이제는
아무데나 기웃거리는 슬픈 모가지가 되어
죽자고 좋아서 결혼을 하고
백세 인생 다하고
무덤 속을 함께 걷자는 등불 아래 맹세로
살과 피로 새끼쳤으나
사는 동안 잠에서 깬듯 무수리를 털어대는
정신의 껍질들이 분비물을 흘리며 도시 속을 파고들어
오십대에 등 돌리고 자야 편하다더니 육십대에
각방 써야 편하다 하고 칠십대가 되면
각자 어디서 자는 줄도 모른다는 우스개소리들
듣도보도 못한 졸혼이라 선언하고 다른 집에서 살아
그러다 무심코 세월 지나 화달짝 놀라
훗날 같은 집에서 모두 만나게 될 터인즉

어머니의 궁전에는

저녁 6시 내 고향
어김없이 밥상머리 앉는 어머니
자식들은 분주하게 움직여
각별한 저녁을 차려낸다
어느 날은 갓 잡은 봄 도다리가
하얀 속살 드러내며 초고추장을 먼저 기다리고
어느 날은 횡성한우가 자이글 불춤 위에서
아흔을 바라보는 어머니의 침샘을 자극하고
늦은 밤
깨어있는 꿈속을 들여다보며
옛날 옛적의 어머니를 찾는 가요무대는
울울창창한 긴요한 약속의
시절을 보낸 어머니의 순정을 풀어내고
때마다 유희와 재치 있는 입담의
호동 행님, 유느님
제각기 품 떠난 자식들보다 이미 더 효자가 된
티이브이를 찾으면 볼 수 있는
이 시대의 만화경 같은 눈물은

야인夜人

야음에
지구를 삼키듯 울어대는
들짐승처럼
내적
부음 받은 자들이
허겁지겁
보인다
귀곡 횡단하여
허虛를 질러
세상은 그루터기 위에
걸려있고
그들은
맘 켕기는
소리 없이 번져가는
전설 같은 밤이 되어
그대 곁을 소곤대며
무시로 지난다

이보오, 그기 말이오

예를 들면 이런 것이오

백지란 참고집이 센 것 같소
그를 만나면 나는 때로 회의에 빠져 머리를 쥐어뜯소
백지는 내가 볼 때 도도하기 짝이 없는 시퍼런 날선 단도 같소
그러나 알 수 없는 것은 또 그의 마음이오
어느 때는 한없이 인심 좋은 아지매처럼 나를 배부르게 하다가
어느 때는 인색하기가 하늘을 찌르는 놀부 심보 같기도 하오
그러나 이 시대의 말들의 씨앗을 해부하기도 하오
때로는 기다릴 줄 아는 백지가 나는 더욱 좋소
그는 끝없이 말을 하나 결코 입을 열어본 적이 없소
볼펜의 밥은 백지가 주는 것이오
볼펜은 아예 배고픔을 모르오 아니 때로는 무척 배고픔에 시달리기도 하지만
일면 백지의 인심이 고약한 날도 있다는 것을 알기나 하오
물 한 모금도 허락하지 않을 때는 쫄쫄 굶어야 하기 때문이오
허나 그는 이분법의 타령을
요령껏 습득하는 비위도
생각을 명시하는
절대의 순위도 분별로 간직하기 때문이오
그렇소

교수님예 질문 있심더

음소는
말소리의 가장 잔 티끌
형태소는
의미를 가진 것 중 가장 티끌
사랑하는 사람은 애인이 아니라
어디서나 원쳐에
휴지*pouse*를 둠이니
순간 일시멈춤이란 뜻인지라

단어는
내부에 휴지를 둘 수 없고
다만 내포문을 두는 것은
새끼치는 어기의 실사끼리
만나는 것일지니

대명사의 진리는
어이 저기요 거기요 머시기
거시기
그 리 고 그대입니까

이리 오너라

갑질하던
회장 딸이
학교를 간다 카네
엥
철들라
가방 하나 사주까
책가방 안 들고
은팔찌 차고 간다는데
아이고마!
그라믄 그렇지
그 갑질이 오데 가나
엥
그 학교는 은팔찌 차고 가는
학교 맞는디

비마누라 커피

– 프렌치카페

그들이
혀끝에 채운 밀도 더한 사랑의 말처럼
꿈 중의 사랑을 끌어당긴 아릿함
손이 먼저 닿는 흉내낼 수
없는 달달함은 따로 있어

몽환을 유도하는 수면제에도
끄떡없을 자존심이 경이롭고 신비해
살며시 다가오면 아득해지는
정신의 유체가 또다시 몽환의
문을 여는 사각지대가 되는 환각 같은

은밀한 물음에도 늘 초라한
답변을 기다려
미리 말했을 법한 무한 애정이
손수건 한장 없이 철철 흘리는
뜨거운 눈물 한잔 말도 못할 시원함이다
꿈 중의 사랑처럼

역전에 기차는 머물지 않아도 있는 그들

뫼의 아침이 서럽다고 아무런
이유 없이 날고 있는 새들에게 마구
삿대질하지는 않습니다
한 병의 소주가
일용할 양식의 전부가 되는 이 아침에
간간이 그들을 핥고 지나가는 바람도
그리 차갑지만 않은 것이
한낮의 국수 한 그릇은 남겨놓을 테니까요
간혹 키높이를 잴 수 없는
수수목 사이에서 작은 키의
해바라기가 더러는 짧다란 푸념도 털어내겠지만
골짜기에 피었다고 가뭇없이
꽃잎이 노하지도 않으니
그들 나름의 세상에는 일찍부터 찾아온
천국에 머무는 것이 아닐까 싶습니다

어떤 통증

내 새끼
밥은 묵고 일하나
그럼요
내 새끼
오고 있나?
아직은
내 새끼
일찍 오나
오늘도 늦습니다
내 새끼
함께 밥 먹자
오늘 당직
에고
내 새끼
힘들겠다
다 그렇지 뭐
수고하고 와라
에구 내 새끼

섬아이

누군가
한숨을 섞어놓고
가버린 섬에 가면

사랑을
약속하고 지키지 못해
바람 끝의 기회처럼
앓고간 흔적들

어김없이 홀로
부르던 노래는
비릿한 갯내음에
섞어 놓았다

물위를
걸었던 기억처럼
흔적 없이

통증을 껴안고
그렇게

* 박희선 선생님 여섯 번째 수필집『막걸리와 아지트』에 실린 '문득'
이란 작품의 답시答詩입니다.

세상에서 제일 잔소리쟁이 여자

누가 뭐래도 울엄마가 젤 잔소리꾼이지
아니다
누가 뭐래도 울마누라가 젤 잔소리꾼으로 왕초지
아니다
누가 뭐래도 울스승님이 젤 잔소리꾼이지
아니다, 아니다
누가 뭐래도 내 차 안내양이 젤 잔소리꾼의 으뜸이지
흠, 흠
아니다, 아니다 더더욱 잔소리꾼은 따로 있다
누규?
내 마음 속에 사는 여자가 젤 잔소리꾼이다
낭창하게 흘러가는 물이 되어
진종일 쉬지도 않고 졸졸졸 또 졸 졸 졸

남편 나무와 아내 꽃송이

구부러진 마음에
달랑 손지갑 하나 들고 찾은 곳은
객 하나 볼 수 없고
바다도 볼 수 없는 동네 찻집 구석자리

사소한 다툼으로
우르릉거렸던 아침이
여우비처럼 지난 시간 닥달하며
내 남자를 원망하고 있을 때
카페주인은 이미 나를 읽었는지 헬렌 피셔의
The power of love란 노래를 들려주고
자신은 한쪽 팔로 턱을 고이고 앉아
텅빈 고요를 쓸어담고 있었다

그녀가 참 쓸쓸해 보인다고 생각할 때
이유모를 눈물이 그냥 주룩거렸고
나는 이미 내 남자가 좋아하는 빵집에 들러
용서와 이해라는 이름의 빵을 한아름
골라 안고 집으로 가다 만난 사람
내가 좋아하는 안개꽃 한 무더기 들고
멋적게 웃고선 내 남자

군중 밖에 있는 군주님들

국가를 위하여
지도자를 뽑았더니
민중을 위하여
지도자를 뽑았더니
가정을 위하여
족장을 뽑았더니

그 자리만 갔다 오면
번번한 아쉬움
청빈과 백성 섬김은 간 곳 없고
오만방자 기세등등
여기도 저기도 낯선 사람
애민愛民 정신 가지시오
똑바로 정신차리시오

이 못난 님들아!

에뮤새 꿈 중에 날다

– 에뮤새, 날지 못하는 새

우 하하하 잔소리에서 해방이다

세상에서 감히 누가 나를 간섭하랴
둘레를 장식하고 있는 모든 것 손수 깨워보랴
나는 혼자가 좋아 암 그렇고 말고
까짓 거 밥이야 돈만 주면 천지가 밥 아이가
천하를 얻은 이 자유는 오직 졸혼이
나한테 준 선물인기라 그동안 고생했데이
다 떨어진 고무신은 가라
아름다운 유리구두여 오라

 아름다운 유리구두는 개뿔

한 달 두 달 쌓인 먼지에 흙인 줄 알고 싹 날라
무슨 공과금 용지는 그리도 많은지 징징대는 골머리
개수대에서 노려보는 눈초리들은 팅팅 불어터진 컵라면
삐쩍 마른 햇반 밥풀떼기 구석구석 널려있는 막걸리
소주병이 벗어던진 빨래들과 합동공연 중이다
잔소리가 반찬인 집밥이 이리도 그리울 줄이야
무서운 고독사는 더욱 안 되지
여보! 나 왔어 밥 줘 밥
어이구 인간아 인간아! 우째 그리 사노 대낮부터 뭔 잠꼬대야!
헉! 다행이다

벗이여

여보게 친구
혹여 내가 무지하여
자네가 하는 말에 이해하지 못하고
토討 달거든 다시 한번만
선善한 눈으로 나를 봐 주시게
자네의 선한 눈빛에
또 아는가
내가 귀를 열어 듣게 될지

여보게 친구
내가 좋은 것을 탐하여 끼니 굶는
이웃 외면할 때 조용히 권면勸勉하여
나의 무지함을 일깨워 주시게
또 아는가
내가 어리석어 감았던 눈을 뜨게 될지

여보게 친구
행여 내가 비루하여 부모님 원망할 때
내 손잡아 기도를 부탁하네
또 아는가
내 마음에 빚진 것을
사모思慕하여 보답하게 될지

여보게 친구
이것은 가장 근본根本이라
귀히 부탁할 것은 내가 혹여
타인을 흠 잡을 때 일러 주시게
모난 성품 숨기고 남의 흠 잡았으니
또 아는가
천상天上의 말씀
떠올려서 사랑으로 완성할지

여보게 친구
내가 바쁘다는 이유로 자네에게
전화 한 통 못할 때 자네가 먼저
전화 한 통 해주시게
또 아는가
내가 너무 미안해서 밥 한끼 살지

적우適雨에 물든 갈꽃으로 내 심장 되어

그립은
그
치명적
호흡

| 작품 해설 |

시의 제 3지대를 탐구 실험한 관념적인 서정시편

- 김순종 시인의 시세계를 살피며

시인 崔東川

시의 제 3지대를 탐구 실험한 관념적인 서정시편

- 김순종 시인의 시세계를 살피며 -

시인 崔東川

김순종 시인은 탁월한 시어들을 재련 순화 여과시키는 눈부신 역량의 시인으로 독특한 개성과 독창성을 지닌다. 내용적 수사미를 심미적이고도 유미적인 사안으로 서정적 발아에 일고의 의미를 부여하며 화두를 이끄는 시적 내용미의 개연성은 실체를 일별하거나 현장에 두지 않고, 읽는 이로부터 일부 변환을 주는 관념적 명상의 의미로 추론할 수 있는 공시성共時性을 대입시킴으로써 단조로운 시적 내구성에 일미를 더하는 의미도 함께하고 있다고 보아진다.

현재의 해체시나 일부의 실험시와는 확연히 대별되는 제3지대의 시적 탐구를 시도하듯 보다 시적 구도를 달리하는 신선한 시로 승부하고 있어 주목하고 싶다. 이제 그의 시들을 감상해 보자.

그리움
어쩌면
이 침하의 덩어리는

정제되지 못할 오물로도 그리
당당할 수가 있는 것인지
별들의 축제를 거역하면서도
지들끼리 마주하며 눈빛 사룹던
선창의 밤은 여전히도 적우를
기다리던 갈꽃연서를 기억할까

그립은
어쩌면
수탈의 흔적 없이도 이 침하의
덩어리는 잘도 스미는 여름밤
내 어미와 피붙이들의 살내음으로 와서
정제될 수 없는 오물로 남는 것인지
또 남는 것인지

――――「가보자, 신라의 달밤을 두고온 그곳으로」 전문

현대를 사는 삶의 진전과 한계를 묵시적으로 명시하며 우울한 소극적 균형을 유추하며 본질적 요소를 찾음으로써 어느 정도의 위안과 긍정적 효과 창출을 바라는 내밀한 관계 설정을 초월주의transcendentalism에서 기대감을 표출하는 시로 평가할 수 있겠다.

시인은 현상의 실험시들과는 격을 달리하는 시어들의 융통성과 일부 난이도 높은 일련의 시들을 접목시키는 상충된 위험한 구성 요소로 일부 제3지대의 시를 새로이 선보이는 모험을 하고 있는 것으로 보인다.

그것은 실존적 가치의 영역보다 미래 투시의 새로운 시의 발효를 기대할 수 있기 때문이리라. 시적 요소와 변별력을 이루는 끊임없는 시어들의 접목으로 탐구의식이 일조를 더하는

이 시는 일부 연관성에 의한 모호성을 가지면서도 자꾸만 감상하고 싶은 여유를 더하는 것은 소극적 주체보다는 주지적 시의 힘의 균형적 내밀한 관계 설정이 여전히 여백을 남기기 때문이 아닌가 생각된다.

그리고 보다 적극성의 물음표를 견고히 한 것과 일부 도덕성을 상실한 현재의 시대적 상황에서 삶의 정답의 원론을 찾지 못한 실체의 시어들이 가히 눈부시다. 현재를 탈피한 새로운 시도와 현재에 교착하지 못한 희망과 절멸을 혹은, 방황하는 또 다른 다수의 정신적인 위기 속의 민중에게 천년의 안정된 역사적 근원을 가진 최초의 통일국가인 '신라'에서 그 대척점을 찾아보자며 물음표로 남겨놓은 결구는 김순종 시인의 전체 시들을 규율하는 데 대단한 의미가 될 것으로 보인다.

정情이라 하여
기어이
우려내던 눈물 같아서
봄이 오면 진달래는
다시 필지라

그 사람
한순간 멀어지던 호흡이지만
무작정 미련으로 물 주던 정을 닮아서
봄이 오면 진달래는 다시필지라

정이라
정이라 하여
이 사람 문득
돌아올 때 숨길 같아서

수줍던
첫눈맞춤 그때인 것처럼
봄이 오니 진달래는
또 다시 피더라

———「간장 같은 여자」 전문

자연과 존재에 대한 합일의 의식의 정情을 매개체로 어떠한 연유에서 기인하던 결핍의 사유를 진달래 피는 모습을 상징성의 주체로 매연에 도입하여 섬세한 서정적 촉매제로 이끈 시이다. 맑고 밝은 이미지를 독백체monologue로 동어반복어 형식으로 시의 말미에 일정하게 놓음으로써 시의 음위율과 내재율을 동시에 살린 회화적, 음악적 요소까지 가미한 시인의 시어 제련이 가히 눈부시다.

이 시의 화자는 정情을 대비하며 화두를 이룩하는 동행과 한결같은 믿음과 신뢰를 일관되게 주창함으로써 빼어난 수사와 심성적 요소가 치열한 시적 구성요소와 주지적 내용미를 연관짓고 있다. 어떠한 상황과 여건, 환경 아래서도 시간과 세월 속에 공유하는 한결같은 일상은 늘 자신의 마음 안에서 내재된 인식의 깊이에서 정신세계로 극복된다는 암시성을 화두로 두고 있는 시로, 시의 주체적 요소가 되는 진달래꽃을 상징화함으로써 미래지향적인 밝고 명랑한 행복의 순환의 원리를 극대화함으로써 긍정적인 현실의 세계를 추구하는 건강한 시적 이미지image를 높이 사고 싶다.

어제는
눈도 채 못 뜬
네가 하도 슬퍼 보여서
태양의 심장을

옮겨 주었다가

오늘은
눈뜬 네가
참으로 대견해서
나의 폐부 안으로
공손히 옮겨 왔네

어리석은 바보야
바보 같은 울보야

눈 감으나 눈 뜨나
너는 그대로인데
내가 너를 슬퍼하여
눈물꽃이 되는구나

———「어제 두고 오늘 핀 꽃」 전문

이 시의 주지적 내용미는 우리 인간이 갖는 심성적 근원의 정신세계를 이분법하고 있다. 본질적 의미보다 현재의 상황을 추론함으로써 미리 해답을 구하려는 우리 인간에게 적극적으로 내성에서 기인하는 여러 변별력을 통찰하라는 여유를 함께 갖게 하는 시이다. 제목과는 달리 인생을 축소 지향적으로 의미하는 은유metaphor적 시론을 전개함으로써 더욱 감동을 주고 있다. 1연의 늘 한마음 한뜻으로 사랑을 준 내성의 깊이와, 2연의 존경하고 우러르는 절대적인 신뢰를 바탕으로 함께한 주체인 자신을 몰라주는 하소연을, 3연에서 〈어리석은 바보야/ 바보 같은 울보야〉라고 통렬한 하소로 스스로 마음을 간추리고 있는 시행들이 참으로 시의적절하여 긴장된 자기를 압

축하는 최면술도 함께 가지는 시이다.

그리고 맨 끝연의 〈눈 감으나 눈 뜨나/ 너는 그대로인데/ 내가 너를 슬퍼하여/ 눈물꽃이 되는구나〉는 의미적 요소의 시를 극대화하는 공감각적synesthetic 의미를 자신에게 집중함으로써 일면 신앙적 요소에서 발원하고 귀착하는 자신을 희생하며 어떠한 상황적 요소에서도 상대방에게 사랑과 헌신으로 일관하겠다는 결연한 의지까지 표출한 시이다.

말하자면 역설적 이론을 도입하여 본질을 극대화시킨 시인의 뛰어난 시적 역량을 돋보이게 하는 시로 매우 심플simple하다고 하겠다.

사색 하나 붙들고
오랜만에 찾은 꽃집
이슬로 마른 잎 헹구며 놀던
나팔꽃은 없어도 코끝에 매달리는
무릇꽃 살내음이 바구니 한 가득
가을을 담아 준다

행인으로 와줄
제 주인을 기다렸을까
나를 두고 그들이 소란스럽고
택함 받은 녀석이
우쭐거리며 내 품을 파고들더니
집에 오는 내내 징징거린다

함께 놀던 햇살을
예쁜 그릇에 담아 주어도
벌써 두고 온 그들이 보고픈 게지

하루해가 다 가도록
마음 한쪽에 흐르는 물소리는
아이의 마음을 헹굼질하고 있다

———「가을 꽃집에 놀던 아이」 전문

3연 6행씩으로 구성된 이 시는 아이와 꽃이 화자이다. 어쩌면 서로 동질성을 지니면서 하나의 독립된 주체인 것이다. 서정적 발아를 저변에 확고히 하면서도 전연체가 주는 정감 넘치는 이미지가 동화처럼 신선미 넘치는 영상미까지 갖추고 있다.

시인은 가을과 무릇꽃에 방점을 놓고 꽃집에서 산 무릇꽃을 아이로 비유하며 달래고 어르고 하며 새로운 둥지에서 여태까지의 생활을 잊고 더불어 함께하는 가족의 일원으로 새로운 모습으로 탈바꿈하여 미래를 꿈꾸는 이상으로 숨겨두고 있다. 여기서 하나 유의해 볼 것은 '무릇꽃'이다. 무릇꽃은 백합과의 다년초 식물로 들이나 밭에서 일견 볼 수 있는 서민들의 꽃으로, 여기에 가을을 도입한 시인의 안목이 참으로 눈부시다.

다시 말하자면 전원시eclogue의 냄새를 가미한 페미니즘feminism의 시로 앙상블을 이루는 시이다.

그리고 3연의 〈하루해가 다 가도록/ 마음 한쪽에 흐르는 물소리는/ 아이의 마음을 헹굼질하고 있다〉에서 보듯 '무릇꽃'에게 전혀 환경이 다른 곳에서의 서식 적응과 설득력의 한계를 예시하여 융합적 요소를 합일하는 대목에서 시인의 탁월한 시적 내용미를 구성하는 역량에 감탄하지 않을 수 없다. 그리고 1연에서의 꽃집과 2연에서의 꽃을 가지고 집으로 오는 과정과 3연의 또 다른 둥지에서의 적응기를 세분한 점이 마치 삶의 다양한 관계 설정과 상황적 인식을 변별화하는 기회로 상징성을 부여한 점이 이 시의 백미가 되고 있다.

호젓한 시간입니다
포도 한 송이 접시에 담아
당신과 마주합니다
도란이 하루를 주고받습니다
참 좋은 시간입니다

어느새
수염이 자라서 희어졌네요
그래도 서글퍼 보이진 않습니다
내 얼굴 주름 보듬어 줄 당신이니까요

어느덧 한 알의 포도가
접시의 주인이 되었네요
나를 위해 당신이 남겨둡니다
나와 닮은 당신 입에 넣어 줍니다

———「포도 한 알의 사랑」 전문

지극한 사랑을 모티브motive로 환유법과 풍유법을 도입한 이 시는 참으로 맑고 유려하고 투명하다. 이 세상에서 진실한 사랑보다 더 아름다운 것이 어디 있겠는가. 아포리즘aphorism이 균형있게 보완되고 있는 밀도있는 이 시는 매우 환상적인 뉘앙스로 낭만성까지 가미한 시로 참으로 가작이다. 과장법 없이 차분한 정서로 개성의 무게를 더한 전연의 여성다움이 시너지synergy 효과도 함께하고 있어 더욱 향기롭다.

때는 여름 호젓한 시각, 부부간에 포도 한 송이를 마주하고 밀도있는 시간을 더하는 도중 정감 넘치는 신뢰와 존경과 믿음으로 포도 알만큼 달고 상큼한 순식간의 시간이, 마치 수십 년의 시간을 보낸 것만큼 유익하고 더 큰 사랑의 전초 역할을 했다는 의미로 발원한 2연 〈어느새/ 수염이 자라서 희어졌네요/ 그래도 서글퍼 보이진 않습니다/ 내 얼굴 주름 보듬어 줄 당신이니까요〉는 참으로 시의적절한 절구이다. 우리는 시인의 대단한 발상력에 놀라지 않을 수 없다. 그리고 마지막 연 〈어느덧 한 알의 포도가/ 접시의 주인이 되었네요/ 나를 위해 당신이 남겨둡니다/ 나와 닮은 당신 입에 넣어 줍니다〉 마지막 남은 포도 한 알을 두고 이 시 전체의 구도를 설정하는 시인의 궁리에 새삼 감탄하지 않을 수 없겠다.

섬세한 서정적 발아를 촉매제로 포도를 도입하여 신선하고 맑고 달디단 부부애의 상승적 효과를 높인 점은 참으로 압권이다.

낯선
이별로 떠났다가
내가 기다릴 줄 어찌 알고

눈가에
말없이 걸어놓은 약속처럼
그대를 기다릴 줄 어찌 알고

걸음
움직일 때마다 그리움 밟고
다닐 내가 울 줄을 또 어찌 알고

그때
순간마다 내편이 되어

아슬하게 나를 지킬 줄 어찌 알고

―――「시계 되어 오는 그대」 전문

전연 12행의 이 시는 상상력을 재고한 동일성ciclentity에 근거한 본질적인 생동감을 절제하고 분리적 사고에서 귀착하는 일관된 상황을 주지시킴으로써 서로의 마음으로 소통하고 교감하는 효과 창출을 극대화한 시이다. 말하자면 여기서 부부간의 텔레파시가 주체가 되어 하나의 일체로 회귀하는 진실성을 담고 있다.

각 연이 동어반복어형식으로 결구됨으로써 일정한 음을 규칙적으로 배치하여 리듬과 하모니를 살린 두운, 요운, 각운으로 시적 내구성에 절묘한 타이밍을 이룸으로써 이 시는 성공한 것으로 보인다.

필요한 시간, 그때, 그 장소, 그 시간에 꼭이 함께하는 사람, 물론 다양한 사회에서 여러 목적과 이유로 삶의 유형을 달리하는 지금 참으로 어려운 명제이긴 하지만, 이 시에서 시인은 그만치 상대방에게 끊임없는 믿음과 신뢰로 함께하는 사랑의 아름다움을 대단원으로 공표하고 있다. 즉, 사랑의 확대 재생보다 일치된 현실을 인지하는 데서 온다는 잠언적 요소를 말하듯, 부부간의 일체감의 깊이를 더한 이 시는 각 연의 중심에 둔 〈이별로 떠났다가〉 〈말없이 걸어놓은 약속처럼〉 〈움직일 때마다 그리움 밟고〉 〈순간마다 내편이 되어〉 주지적인 목적어로 재생되고 있어 참으로 눈부시다. 즉, 세분된 화자로 함께 공감하는 그때 그 시각이 화두로 극진한 부부애로 환원된 시로 참으로 맛있는 시로 분류될 만하다.

이보오

만삭의 열매를 털어내고도
아직 하나를 품지 못해 울고 있는 거요
서로 모르는 두 사람이 만났을 때
그들은 공손하게 행동할 수도 있고
이를테면
통성명도 하기 전에 엉겨 싸울 때도 있소
특별한 것은 없소
다만 그 시간에 당신이 거기 있을 뿐

새의 깃털을 털어내는 것은
날개의 자유인 걸 어찌 하겠소
공의로운 계단 아래는 흰 나팔이 있소
두 손 모아 힘차게 불어야 하오
특별한 것은 없소
인자와 비분강개를 목도했을
그 시간에 당신이 거기 있을 뿐

나리는 빗방울에 간섭은 아예 마오
그들에게는 자유가 있소 심장이 있소
다만 철든 시간과
삭정이 노란 현재가 있을 뿐
아직도 읽어야 할 한권의 책이 남아 있소 그렇소

———「빈 의자」 전문

의자는 이용하는 자가 곧 실체의 주인이다. 앉거나 서거나 어떤 명의로든 그 시간대를 공유한 자가 임자인 셈이다. 한시적이든 어떤 이유로든 비어 있을 때가 존재의 불안을 가질 때이다.

이 시는 시종 경칭어로 의자의 역할론을 독백체의 의인법personification으로 회자하고 있다. 말하자면 현실 인식의 주도를 한없이 넓은 모티브motive로 일고의 의미를 부연하고 있다. 세월과 연대를 초월하며 우리 인간으로 인한 갖가지의 의미와 화해와 용서, 비밀과 밀담을 비롯한 담론들을 지켜보며 박수와 환호, 응원과 비분강개도 함께하며 목도했을 현장에 그가, 즉, 의자가 그 시각에 하필이면 거기에 있었다는 것만으로도 파생되는 여러 상황적 사유들을 매개체로 단순한 경험적 요소들의 일례를 첨언한 이 시가 가지는 주지는 참으로 놀랍다.

오랜 역사성의 진실을 암시성으로 화두를 긴요하게 좁혀가는 존재론을 주지적 목적으로 대단원을 이끌고 있는 그때, 왜 그 시각에, 그 장소에, 하필이면 하는 의문형의 문답을 끊임없이 유추하는 데 발상적 근거에 주안점을 두고 있다.

다시 말하자면 자연발생적으로 붙박이로 놓인 그 의자를 형상화함으로써, 시의 주체를 찾아가는 서정적 미학을 끝없는 여백을 관조하며 자아를 찾아가는 내성의 무게와 인간관계 설정에서 인식되는 여러 난이도를 계속 집요하게 추구함으로써 흥미와 성취도를 더한 시로 보인다. 그렇다. 비어있는 의자, 얼마나 매력적인가. 오늘도 누군가 홀로이 혹은 남녀가, 타인들이 전개한 무수히 생성되는 이야깃거리가 과연 역사로 환원될 것인가. 2연의 〈공의로운 계단 아래는 흰 나팔이 있소〉는 시인의 빼어난 발상력에서 하나의 영감적으로 환원된 시구로 공평한 의논은 때묻지 않은 민중과 중생들의 의무와 권리로 역시 이 세상에서 때묻지 않은 흰 나팔로 얼마든지 큰소리로 세상을 향해 외쳐도 정의롭다는 의미의 동력을 실어주는 빼어난 시행으로 평가할 만하다.

너가 울며는
어릴 적 감꽃 한 송이
그 꽃도 그리울 내 어미의
가슴도 울리라

검정고무신에 물 채워
새끼버들치 몇 마리 띄우고
할미꽃 그토록 아름답던 자색의
꾸밈없던 순수여

너가 울며는
어릴 적 엿장수
가위소리도 그리울
내 오라비의
가슴도 울리라

여름날 꽁당보리쌀을
몽돌로 깎아내던 내 언니의
한박자 늦게 울음우는
새떼들의 그리움으로 울리라
풀피리 잎피리 호들기로 화답하던 새암 근처
너가 울며는

———「진달래 먹고 물장구처럼」 전문

전형적인 향토적 서정시로 노스탤지어가 주제로 활용된 시이다. 이 시는 평범한 시같이 보이지만 시인의 범상치 않은 시적 면모의 높은 표준이 증명되고 있는 시이다. 응집된 시적 내용미와 이를 조율하는 연의 배분, 그리고 다양한 관계 설정을 각인하면서도 일면 전연을 공동체로 이끌어가며 그리움을 주체화시킨 매연의 결구를 주의 깊게 살펴볼 일이다.

역시 시적 화자는 그리움과 슬픔이지만 화두는 노스탤지어 안에 숨쉬고 있는 피붙이 간의 사랑이다. 마치 전연을 물 흐르듯 여과한 시적 상징성과 내부 구조는 서로의 연을 연관짓는 시행들의 교감에서 비롯된 것으로 1연의 〈그 꽃도 그리울 내 어미의/ 가슴도 울리라〉 2연의 〈할미꽃 그토록 아름답던 자색의/ 꾸밈없던 순수여〉 3연의 〈내 오라비의/ 가슴도 울리라〉 4연의 〈풀피리 잎피리 호들기로 화답하던 새암 근처/ 너가 울며는〉에서 보듯 한국적 민속에 연유하는 동요체를 향토적 서정성lyricism으로 가미한 일련의 시들이 대단한 감성을 자아내고 있다.

그리고 각 연의 시적 연관성을 지니는 우리 고유의 향수를 자극하는 감꽃, 검정고무신, 새끼버들치, 할미꽃, 엿장수, 꽁당보리밥 등은 시인이 가지는 넉넉한 시어의 일부로 하나의 시적 공동체를 소화하는 계절과 때와 시절을 연상시키는 역할론으로 재생시키고 있어 일미를 더하고 있는 시로 보인다.

평범한 개연성을 가지는 시를 시의적절히 감정을 표출시키는 감동으로 주체화시킨 여운과 리듬이 마치 교과서적인 시의 기본과 기법으로 재편된 가작의 시이다.

예를 들면 이런 것이오

백지란 참고집이 센 것 같소
그를 만나면 나는 때로 회의에 빠져 머리를 쥐어뜯소
백지는 내가 볼 때 도도하기 짝이 없는 시퍼런 날선 단도 같소
그러나 알 수 없는 것은 또 그의 마음이오
어느 때는 한없이 인심 좋은 아지매처럼 나를 배부르게 하다가

어느 때는 인색하기가 하늘을 찌르는 놀부 심보 같기도 하오
그러나 이 시대의 말들의 씨앗을 해부하기도 하오
때로는 기다릴 줄 아는 백지가 나는 더욱 좋소
그는 끝없이 말을 하나 결코 입을 열어본 적이 없소
볼펜의 밥은 백지가 주는 것이오
볼펜은 아예 배고픔을 모르오 아니 때로는 무척 배고픔에 시달리기도 하지만
일면 백지의 인심이 고약한 날도 있다는 것을 알기나 하오
물 한 모금도 허락하지 않을 때는 쫄쫄 굶어야 하기 때문이오
허나 그는 이분법의 타령을
요령껏 습득하는 비위도
생각을 명시하는
절대의 순위도 분별로 간직하기 때문이오
그렇소

———「이보오, 그기 말이오」 전문

이 시는 주체를 백지로 확연히 하고 시적 내용미나 분포과정 결론 도출 등을 정신적인 주체가 되거나 본질을 유추하는 오로지 '백지'로 인식시키는 시적 화자나 화두를 함께 설정한 시인의 발상이 자못 눈부시다.

무념무상의 철학적이고도 명상적인 세계관에서 현재를 유린하는 모든 것들과 생성의 근본에서 이룩되는 사물들에게 피血와 살肉을 입히는 고행적 역할론으로 또 다른 세상과 마주하고 있는 유물론의 시로, 역설적으로 자아비판에서 비롯된 여러 상관관계나 대립적 구도를 형상화하면서도 모든 시작과 과정, 절정과 결론의 도출을 오로지 백지에서 찾으려는 시인의 집념과 몰입의 과정이 빛나고 있는 시이다.

그렇다. 우리 인생은 탄생과 더불어 순수한 백지의 상태에

서 자라고 영글며 열매를 맺는다. 그것은 때와 시기와 여건 등에서 파생되는 여러 사유로 발전적인 희망을 가지거나 목표를 상실하거나 암흑의 세계로 인지되는 파멸의 원인이 되기도 하는 것이다.

여기서 시인은 오로지 그 백지의 연유와 연혁, 혹은 결과물을 찾아가는 과정을 자문자답하는 문답형식으로 마치 게송체의 유형으로 진전된 이 시는, 시인이 인생을 관조하는 놀라운 지혜와 식견으로 마치 유사한 경험으로 혹은 다른 시각으로 인지한 백지 위의 시인 자신의 의미를 도출하듯 광활하다. '백지白紙'. 실로 대단한 마력을 지닌 의미적 요소로 환원된 이 시는 시詩의 내공과 외공을 함묵한 시인의 언어 재련의 결정체로 수작이라 생각된다.

김순종 시인은 그의 두 번째 시집『가보자, 신라의 달밤을 두고온 그곳으로』에서 보듯, 시인으로 나아갈 크나큰 표상의 대안 모색에 성공한 것으로 보인다. 이는 그의 탁월한 시어 선택과 사물을 인지하는 능력과 분별력, 그리고 시적 상징성 이면에서 표출되는 여러 요소들에 특징성을 지니는 관념 부여와 새로운 시도로 가미한 내용미의 여러 요소들이 각기 발원적 의미로 표징되고 있기 때문이다. 일종의 탐구성을 실존적 가치의 신선한 시어로 접목시킨 것에 주목하고 싶다.

가보자, 신라의 달밤을 두고온 그곳으로

김순종 시집

인쇄일 | 2017년 10월 23일
발행일 | 2017년 10월 31일
지은이 | 김순종
펴낸이 | 최장락
펴낸곳 | 도서출판 푸름사
주　소 | 부산광역시 부산진구 부전로 35, 301호(부전동, 삼성빌딩)
전화 : (051)805-8002 팩스 : (051)805-8045
이메일 : doosoncomm@daum.net
출판등록 제329-2009-000010호

값 12,000원

ISBN 978-89-94839-20-2 03810

이 도서의 국립중앙도서관 출판예정도서목록(CIP)은 서지정보유통지원시스템 홈페이지(http://seoji.nl.go.kr)와 국가자료공동목록시스템(http://www.nl.go.kr/kolisnet)에서 이용하실 수 있습니다.(CIP제어번호: CIP2017028039)」